La Masacre de Wounded Knee

Una Guía Fascinante de la Batalla de Wounded Knee y su Impacto en los Nativos Americanos después del Enfrentamiento Final entre las Tropas Federales y los Sioux

© Copyright 2020

Todos los derechos reservados. Ninguna parte de este libro puede ser reproducida de ninguna forma sin el permiso escrito del autor. Los revisores pueden citar breves pasajes en las reseñas.

Descargo de responsabilidad: Ninguna parte de esta publicación puede ser reproducida o transmitida de ninguna forma o por ningún medio, mecánico o electrónico, incluyendo fotocopias o grabaciones, o por ningún sistema de almacenamiento y recuperación de información, o transmitida por correo electrónico sin permiso escrito del editor.

Si bien se ha hecho todo lo posible por verificar la información proporcionada en esta publicación, ni el autor ni el editor asumen responsabilidad alguna por los errores, omisiones o interpretaciones contrarias al tema aquí tratado.

Este libro es solo para fines de entretenimiento. Las opiniones expresadas son únicamente las del autor y no deben tomarse como instrucciones u órdenes de expertos. El lector es responsable de sus propias acciones.

La adhesión a todas las leyes y regulaciones aplicables, incluyendo las leyes internacionales, federales, estatales y locales que rigen la concesión de licencias profesionales, las prácticas comerciales, la publicidad y todos los demás aspectos de la realización de negocios en los EE. UU., Canadá, Reino Unido o cualquier otra jurisdicción es responsabilidad exclusiva del comprador o del lector.

Ni el autor ni el editor asumen responsabilidad alguna en nombre del comprador o lector de estos materiales. Cualquier desaire percibido de cualquier individuo u organización es puramente involuntario.

Tabla de Contenido

INTRODUCCIÓN 1
CAPÍTULO 1- UNA BREVE INTRODUCCIÓN DE LA TRIBU LAKOTA Y EL MOVIMIENTO DE LA DANZA DE LOS ESPÍRITUS 4
CAPÍTULO 2- UNA BREVE DESCRIPCIÓN DE LA RELACIÓN ENTRE EL GOBIERNO DE LOS ESTADOS UNIDOS Y LA POBLACIÓN NATIVA AMERICANA DE AMÉRICA..10
CAPÍTULO 3- BREVE DESCRIPCIÓN DE LOS PROTAGONISTAS CLAVE DE LA MASACRE DE WOUNDED KNEE..16
CAPÍTULO 4- PRELUDIO DE LA MASACRE DE WOUNDED KNEE........22
CAPÍTULO 5- LA MASACRE DE WOUNDED KNEE Y LA VERDAD DETRÁS DE LOS HECHOS..29
CAPÍTULO 6- LA INVESTIGACIÓN MILITAR DE LA MASACRE DE WOUNDED KNEE Y EL DEBATE DE LA MEDALLA DE HONOR 37
CONCLUSIÓN..44
VEA MÁS LIBROS ESCRITOS POR CAPTIVATING HISTORY 46
REFERENCIAS..47

Introducción

Las guerras indígenas estadounidenses fueron una de las series de conflictos de mayor duración en la historia moderna, así como una de las más sangrientas. Durante los cientos de años de guerra entre los colonos europeos y las tribus nativas americanas locales, se llevaron a cabo innumerables masacres que fueron infligidas por ambas partes. Sin embargo, a principios del siglo XIX, las tribus nativas americanas de todo el continente se habían debilitado significativamente, tanto en número como en su incapacidad para seguir el ritmo de las innovaciones del armamento occidental. La mayoría de la población civil de las principales tribus nativas americanas se trasladó a reservas a medida que el gobierno de los Estados Unidos avanzó por más territorio, expandiéndose hacia el corazón del continente.

Si bien inicialmente las fronteras de las reservas eran aceptables para muchas de las tribus nativas americanas, el gobierno comenzó a renegar de los antiguos tratados después de la década de 1840 y comenzó a robar tierras de reserva de primera, desplazando por completo a muchas de las tribus nativas americanas de sus tierras ancestrales. Naturalmente, muchos de los nativos americanos no estaban satisfechos con ello, lo que llevó al último de los principales conflictos en las guerras indígenas americanas, incluidas las guerras Ute y las guerras Apache que se extendieron desde la segunda mitad del siglo XIX hasta el primer cuarto del siglo XX. Este es uno de los períodos más oscuros de la historia de Estados Unidos, considerando el hecho de que, durante este período, el gobierno de Estados Unidos manipuló la percepción pública contra los nativos americanos, permitiendo que el ejército estadounidense llevara a cabo muchas atrocidades contra los nativos americanos, la más notable de las cuales siendo la masacre de Wounded Knee de 1890.

A diferencia de Last Stand de Custer (la batalla de Little Bighorn), que fue un acto de guerra, la masacre de Wounded Knee fue un genocidio total contra civiles desarmados. Este evento finalmente generó preocupaciones sobre cómo los nativos americanos estaban siendo explotados y oprimidos por el gobierno, pero aún pasarían otras tres décadas y media antes de que el gobierno tomara medidas significativas para poner fin oficialmente a las guerras indígenas americanas. Naturalmente, debido a su naturaleza sensible en la historia de Estados Unidos, la Masacre de Wounded Knee a menudo se pasa por alto en los libros de texto, hablando del evento de una manera generalizada. Pero una representación tan generalizada socava el impacto real y la importancia de los eventos que sucedieron en ese fatídico día, convirtiéndolo en uno de los eventos más trágicos en la historia de los nativos americanos.

En 1973, en el mismo lugar de la masacre de Wounded Knee, se produjo un asedio de 71 días en respuesta a la injusticia racial que enfrentaron los nativos americanos en la reserva de la población de raza blanca local de Minneapolis. La respuesta contra esta discriminación estuvo encabezada por Dennis Banks y Leonard Peltier de AIM (American Indian Movement) y comenzó inicialmente como una protesta, pero posteriormente se convirtió en un completo asedio que atrajo la atención de los principales medios de comunicación con respecto a las inhumanas condiciones de los nativos americanos que estaban viviendo en las reservas.

Para establecer los hechos de lo ocurrido, la mayoría de los detalles que se toman en cuenta en este libro al analizar y discutir los hechos de la Masacre de Wounded Knee se toman de los registros de los estadounidenses participantes de la guerra, así como de los registros militares de la investigación de lo sucedido y posterior juicio de uno de los participantes de la masacre. En este libro, nuestro objetivo es proporcionar al lector una mirada más profunda a los factores y actores principales que jugaron un papel en la Masacre de Wounded Knee, así como la importancia de sus secuelas.

Capítulo 1- Una Breve Introducción de la Tribu Lakota y el Movimiento de la Danza de los Espíritus

Los Lakota fueron las principales víctimas de la masacre de Wounded Knee, no los Sioux, como muchos asumen erróneamente. Los Sioux eran una coalición de tribus que vivían en el norte de las Grandes Llanuras, siendo los Lakota una de ellas. Los Lakota, a su vez, se dividieron en siete sub-tribus, siendo Hunkpapa la más famosa desde que la figura prominente Toro Sentado, quien encabezó la gran guerra Sioux de 1876, fue su líder en un momento de la historia. Mientras que la batalla de Little Bighorn, que fue uno de los conflictos iniciales de la guerra, fue una victoria inmediata para los nativos americanos, los impactos políticos y sociales posteriores a largo plazo fueron perjudiciales para ellos. Muchas otras tribus también sufrieron, ya que el gobierno y la prensa tergiversaron el legado de Custer de tal manera que el público exigió medidas más estrictas contra los nativos americanos, permitiendo al gobierno usar la fuerza militar de los Estados Unidos, así como las reservas de nativos americanos, para reprimir y oprimir a la población nativa americana.

Cabe señalar que los Lakota no se limitan solo a los Estados Unidos; hoy en día, un número significativo también vive en Canadá, aunque no se les considera como "indios del tratado" (un indio del tratado es alguien que pertenece a una tribu que es parte de uno de los once tratados numerados, que fueron firmados por Canadá y varias tribus de las Primeras Naciones). Los colonos estadounidenses entraron en contacto por primera vez con los Lakota durante la Expedición de Lewis y Clark en 1804, y aunque los dos grupos no se relacionaron, no hubo hostilidades directas entre los dos. Las cosas parecieron mejorar entre los Lakota y el ejército de los Estados Unidos cuando los Lakota se aliaron con el Ejército de los Estados Unidos en 1823 en sus esfuerzos contra los Arikara en la guerra de Arikara. Sin embargo, esta unión duró poco, ya que la construcción de Fort Laramie, que se convertiría en el principal puesto de comercio de pieles en las Grandes Llanuras en los años venideros, se construyó en la tierra de Lakota sin su permiso, complicando las relaciones con los colonos. Las frecuentes redadas y ataques de nativos americanos contra los colonos que vivían en el asentamiento y sus alrededores eran comunes hasta 1851, cuando se firmó el Tratado de Fort Laramie, lo que hizo que los colonos pudieran viajar a lo largo de Oregon Trail durante algunos años antes de que las relaciones se deterioraran una vez más, de forma permanente.

Si bien el gobierno de los Estados Unidos reconoció la soberanía de la tribu Lakota en la región de Black Hills, en la práctica, no hizo nada para detener la afluencia de colonos que se establecieron en tierras Lakota en lugar de simplemente pasar por alto como lo había ordenado el tratado. Como resultado, los Lakota reanudaron sus ataques contra los colonos, lo que provocó un ataque a una aldea Lakota en Nebraska en 1855. El ataque fue dirigido por el general William Harney y fue reconocido como un contraataque a los Lakota debido a la masacre de Grattan., que desató la primera guerra Sioux.

A pesar de que la masacre de Grattan fue instigada por el teniente John Grattan y un intérprete de raza mixta llamado Lucian Auguste, como testificó un comerciante local llamado James Bordeaux, a quien los Lakota llamaron para ayudar a interpretar con los militares como la conversación entre Conquering Bear, el jefe Brulé Lakota, y el teniente Grattan se enfurecieron más. Para cuando llegó Burdeos, las cosas ya estaban fuera de control, con los guerreros Lakota de la aldea preparándose para atacar a los soldados estadounidenses. Grattan terminó la discusión y regresó con sus hombres, pero un disparo perdido de un soldado al azar logró golpear a un guerrero Lakota. Los 31 hombres que acompañaban a Gratton fueron asesinados, y uno murió por sus heridas más tarde; sin embargo, también lograron herir a Oso Conquistador, y murió más tarde a causa de sus heridas.

Después de la primera guerra Sioux (1854 a 1856) y la guerra de Dakota (1862), los conflictos se detuvieron temporalmente debido a la guerra civil estadounidense, pero se reanudaron una vez que la guerra terminó y los colonos comenzaron a invadir las tierras de los nativos americanos. Cuando las operaciones mineras comenzaron en las Grandes Llanuras en 1866, el gobierno de los Estados Unidos violó directamente el Tratado de Fort Laramie al establecer puestos militares a lo largo de Bozeman Trail para proteger a los colonos y buscadores que viajaban a lo largo de la ruta. Después de dos años de ardua lucha, se firmó un nuevo Tratado de Fort Laramie, una vez más, con promesas del gobierno de Estados Unidos de no invadir la región de Black Hills en el futuro. Pero el gobierno renegó del tratado una vez más cuando se descubrió oro en 1872 en la región de Black Hills. Esta vez, el gobierno abandonó todas las pretensiones y comenzó una campaña abierta para reprimir y subyugar a las tribus Sioux de una vez por todas con el fin de tener el control total de la región de la Gran Cuenca.

La batalla de Little Bighorn facilitó que el gobierno y el ejército de los Estados Unidos influyeran en la opinión pública para permitirles llevar a cabo sus acciones sin obstáculos. Esto también llevó a la matanza indiscriminada de bisontes en la región de las Grandes Llanuras, lo que destruyó la economía de los nativos americanos y su forma de vida. Los bisontes eran cruciales para el estilo de vida tribal por dos razones principales, la comida y el cuero, siendo esta última una parte importante del intercambio y el comercio. El general Philip Sheridan dedujo correctamente que, al destruir deliberadamente su principal fuente de alimento, sería más fácil forzarlos a ingresar a las reservas de nativos americanos, haciéndolos dependientes de los suministros emitidos por el gobierno para sobrevivir. Como tal, alentó a sus soldados, así como a los nuevos colonos, a cazar tantos bisontes como fuera posible, incluso si no necesitaban la carne, lo que casi llevó a la población de bisontes a la extinción a fines del siglo XIX. Después de que terminó la gran guerra Sioux en 1877, la mayoría de los Lakota se resignaron a su devastador destino y se trasladaron a las reservas, ya que su número había disminuido en gran medida debido a la guerra constante durante casi medio siglo. Incluso el poderoso Toro Sentado tuvo que huir a Canadá para escapar de las garras del ejército de los Estados Unidos, pero finalmente regresó y se rindió debido a la falta de alimentos y suministros en 1881.

La situación general abatió a muchas de las tribus de las reservas, y encontraron consuelo en una nueva religión llamada Danza de los Espíritus que comenzó en 1889. La premisa básica de la religión de la Danza de los Espíritus es muy interesante, ya que combina aspectos del cristianismo.

La religión fue reactivada por un curandero paiute llamado Wovoka, también bautizado como Jack Wilson. Decimos reactivada porque existe la idea errónea de que Wovoka fundó la religión de la Danza de los Espíritus; pero no es el caso. El movimiento de la Danza de los Espíritus apareció por primera vez entre los paiutes del norte en la década de 1870, y el padre de Wovoka fue uno de los pocos que adoptó la religión en ese momento y enseñó las costumbres a su hijo. Según Wovoka, recibió una visión del Dios cristiano, quien lo llevó al cielo y le mostró los espíritus de los nativos americanos del pasado que residían felizmente allí. También afirmó que Dios reveló que Jesucristo sería nativo americano y aparecería entre ellos en 1892, y cuando eso sucediera, todos serían elevados a un estado de bienaventuranza eterna. Pero para lograr esta época dorada, los nativos americanos tendrían que aborrecer todo tipo de violencia y participar en oraciones religiosas. La oración tomó forma en la antigua costumbre de los nativos americanos de una danza espiritual, que los intérpretes tradujeron erróneamente como "Danza de los Espíritus", lo que le brindó una sensación ominosa a quienes no estaban familiarizados con las costumbres de los nativos americanos.

Wovoka afirmó ser un profeta y, como resultado, la mayoría de las tribus nativas americanas enviaron emisarios para verificar sus afirmaciones. El carisma de Wovoka convenció a muchos de estos emisarios, que se convirtieron en fervientes conversos y difundieron la religión de la Danza de los Espíritus a sus respectivas tribus al regresar a casa. Esto le permitió volverse popular rápidamente en un período de tiempo muy corto, lo que inquietó tanto al gobierno de los Estados Unidos como a los militares, quienes crecieron en aprensión por la nueva religión y su influencia. Pero para ser precisos, no era el concepto del ritual de la Danza de los Espíritus lo que los inquietaba. Inicialmente, cuando se concibió, el ritual de la Danza de los Espíritus solo consistía en adornarse con pintura antes de participar en la danza, que en realidad era una mezcla en silencio a un ritmo lento y único. Pero más tarde, se le agregó otro elemento conocido como vestimenta de espíritus. Según los chamanes de la Danza de los Espíritus, el uso de estas vestimentas que estaban inscritas con pictografías de rituales protegería al portador de las balas del hombre blanco. El ejército estadounidense temía que un elemento que prometía invulnerabilidad pudiera promover un comportamiento agresivo de los Danzantes.

Inicialmente, los Lakota no estaban muy interesados en la nueva religión, ya que sus condiciones de vida empeoraban día a día. Para colmo, a principios de 1890, el territorio de la reserva Lakota se redujo aún más, lo que llevó al gobierno a intentar convertir a los Lakota en una sociedad basada en la agricultura. Se les proporcionó la capacitación y el equipo agrícola, pero finalmente el esfuerzo fracasó, principalmente debido a las malas condiciones del suelo de la reducida reserva. Sin embargo, el gobierno de los Estados Unidos no lo tomaría como una excusa y, para fomentar la productividad, las raciones gubernamentales para los Lakota se redujeron a la mitad ese año. En su desesperación, los Lakota recurrieron a la nueva religión de la Danza de los Espíritus para distraerse de su desgracia. Lamentablemente, una de esas ceremonias de la Danza de los Espíritus fracasó, lo que llevó a la Masacre de Wounded Knee.

Capítulo 2- Una Breve Descripción de la Relación entre el Gobierno de los Estados Unidos y la Población Nativa Americana de América

Nos gustaría comenzar este capítulo con una breve historia. El 7 de enero de 1891, un Brulé Lakota llamado Plenty Horses disparó y asesinó al teniente estadounidense Edward W. Casey. Después de cometer este acto, Plenty Horses esperó tranquilamente a que miembros de la policía local lo llevaran a la cárcel. Cuando se le preguntó por qué realizó lo que había hecho en el tribunal, dio la siguiente respuesta:

> Cinco años asistí a Carlisle y fui educado en los caminos del hombre blanco. Cuando regresé a mi pueblo, era un paria entre ellos. Ya no era indio. Yo no era un hombre blanco. Estaba solo. Le disparé al teniente para poder hacerme un lugar entre mi gente. Ahora soy uno de ellos. Me colgarán y los indios me enterrarán como a un guerrero.

Plenty Horse fue uno de los pocos Lakota progresistas que decidió adaptar la cultura occidental y el estilo de vida de la ciudad. Para lograr su objetivo, dejó a su tribu en la Reserva Pine Ridge, también conocida como la Agencia Pine Ridge, en 1885 para seguir una educación en Carlisle, Pensilvania. Trágicamente, el día que regresó a su hogar después de concluir su educación, tuvo que sepultar a sus seres queridos. Su decisión de recibir una educación occidental lo aisló de su pueblo y, afligido por el dolor, asesinó al teniente Casey ocho días después de que su familia fuera asesinada en la masacre de Wounded Knee. Al escuchar su historia, el juez visiblemente conmocionado inmediatamente desestimó todos los cargos en su contra y le permitió irse como un hombre libre.

¿Cuál fue el motivo de esta repentina decisión errática? Uno podría tender a pensar que el juez tuvo un corazón blando, pero ese no fue el caso. Lo que realmente sucedió fue que los abogados de Plenty Horses encontraron una escapatoria. Los abogados argumentaron que existía un estado de guerra en la región de Pine Ridge en el momento del asesinato y, como regla de guerra, si dos partes involucradas en un conflicto se asesinaban entre sí, la sentencia de muerte es nula dado que la muerte de la otra parte se consideraría un acto de guerra. Los abogados también argumentaron que, si Plenty Horses fue acusado de asesinato y condenado a muerte, entonces debería ser aplicable a todos los soldados estadounidenses que participaron en la masacre de Wounded Knee. Esta lógica era tan infalible que el Ejército de los Estados Unidos envió a un oficial a testificar que efectivamente existía un estado de guerra en la Reserva Pine Ridge en ese momento para evitar cargos de asesinato para toda la unidad militar que había estado involucrada. Por lo tanto, Plenty Horses quedó libre, con todos los cargos desestimados. El objetivo de esta historia es ejemplificar hasta dónde estaban dispuestos a llegar el gobierno y la infraestructura militar de Estados Unidos para encubrir la masacre de Wounded Knee del ojo público.

Como afirma el antiguo refrán, se necesitan dos para bailar tango. De hecho, ese es el caso de casi todos los conflictos importantes en todo el mundo desde los albores de los tiempos. Un conflicto puede llamarse batalla solo cuando ambos lados son capaces de luchar. Pero cuando un bando pierde esa habilidad, y el otro lado presiona continuamente para que el conflicto continúe, ya no sigue siendo una batalla; se convierte en genocidio. La razón de una introducción tan sombría es facilitar a los lectores estadounidenses la idea de que ciertas versiones de la historia estadounidense que habían aprendido de los libros de historia y los museos están lejos de la verdad, y uno no debería sentirse incómodo al conocer los hechos concretos. Dado que este libro tiende a apoyarse en la conclusión de que la masacre de Wounded Knee fue un plan perpetuado por un régimen odioso y racista de los Estados Unidos, algunos lectores pueden ofenderse, citando los numerosos relatos y libros que indican claramente que el evento fue un accidente o que Lakota atacó primero. También nos gustaría agregar que este es un libro de historia que detalla hechos y no funciona como plataforma para ninguna agenda, y las discusiones y análisis hechos en este libro son lógicas y referencian diferentes relatos del evento. Por lo tanto, depende del lector decidir si desea aceptar la realidad o la propaganda con la que ha crecido, lo que puede ser un poco difícil debido al hecho de que la mayoría de los libros de historia, así como los archivos militares de Estados Unidos, todavía consideran esta masacre como una "batalla".

Muchos historiadores frecuentemente aceptan diversas atrocidades como un mal necesario para el avance de la civilización y, hasta cierto punto, ese sentimiento es comprensible. Supongamos que si el subcontinente indio, así como los continentes africano y americano, nunca hubieran sido colonizados y los pioneros europeos los hubieran dejado en relativa paz, ¿se vería el mundo como es hoy? La esclavitud, el racismo y la opresión son sin duda los subproductos del colonialismo, pero tampoco se puede negar que la mayor parte del mundo es tecnológica y culturalmente uniforme gracias a la colonización. Ha permitido que la cultura occidental sirva como una base común e identificable para personas de todas las razas en todo el mundo, lo que nos permite comunicarnos de manera más eficaz. Pero como resultado, la importancia y el impacto de muchas atrocidades y genocidios cometidos por colonos y colonizadores occidentales en todo el mundo hasta principios del siglo XXI a menudo se atenúan en el plan de estudios y en los libros de historia general. Este es también el caso de la historia de los últimos 75 años de las guerras indígenas americanas hasta que concluyó formalmente en 1924.

Sin embargo, no es como si las relaciones entre los colonos y los nativos americanos fueran muy favorables para empezar. Si bien la relación entre los colonos europeos y las tribus nativas americanas fue bastante cordial al principio, cuando Estados Unidos era un "Nuevo Mundo" desconocido e inexplorado, a mediados del siglo XIX, los estadounidenses y los nativos americanos casi siempre tenían dagas dibujadas unos sobre otros. Como las antiguas colonias europeas se centralizaron bajo un gobierno unificado, ya no estaban en guerra consigo mismas. Para sostener la economía y desarrollarla, la única opción para la nueva nación era expandirse lo más rápidamente posible adquiriendo más tierras y recursos para la industrialización. Y toda la tierra privilegiada estaba habitada por los nativos americanos, que no estaban dispuestos a dejar de lado sus medios de vida, así como su cultura y tradiciones. Cuando el gobierno de los Estados Unidos se dio percató de que no podían convencer a los nativos americanos de que simplemente vendieran sus tierras, optaron por una política que observó la eliminación sistemática de la población indígena en todo el continente norteamericano.

En las Grandes Llanuras, los daños fueron muy graves. Las oportunidades mineras, especialmente el oro, llevaron a personas de todos los ámbitos de la vida a viajar a lo largo de Oregon Trail. Como resultado, la región fue testigo de una serie de sangrientos conflictos y masacres. La mayoría de los conflictos comenzaron porque el gobierno de los Estados Unidos se negó a reconocer muchos de los tratados de paz firmados con los nativos americanos a principios del siglo XIX. El patrón general de las guerras indígenas americanas durante este período fue similar al siguiente: las tribus nativas americanas se negarían a permitir que los colonos invadieran sus tierras y comenzaron a luchar, los funcionarios del gobierno local lo llamarían una emergencia, y posteriormente el ejército de los Estados Unidos iniciaría una lucha con la tribu o tribus locales para reprimirlos y reubicarlos en reservas gubernamentales. La mayoría de las veces, los combates ni siquiera estuvieron involucrados; existen muchos casos enumerados en los que el ejército estadounidense masacró a civiles desarmados y calificó el evento como una "batalla", que resulta ser el caso de la Masacre de Wounded Knee. Existen más de ochenta masacres enumeradas de ambos lados durante este período, ya que los nativos americanos no eran del todo inocentes y perpetraron algunos crímenes horribles ellos mismos. Pero debe tenerse en cuenta que los nativos americanos a menudo se vieron obligados a hacerlo debido a la constante invasión de sus tierras y sus medios de vida. Algunas de las principales masacres de los nativos americanos durante finales del siglo XIX incluyen la masacre de Bridge Gulch, la masacre de Yontoket, la masacre de Achulet y la masacre del valle del río Grande Ronde. En casi todos estos casos, las víctimas eran niños y civiles desarmados. Y aunque el gobierno de los Estados Unidos otorgó a los nativos americanos la ciudadanía estadounidense completa en 1924, enfrentaron tanto racismo e intolerancia como los afroamericanos por parte del público en general y las agencias policiales.

Tomando toda esta información en contexto, podemos fácilmente estar de acuerdo en el hecho de que la relación entre los nativos americanos y los europeos americanos nunca fue favorable, ya que la cadena de codicia y promesas inquebrantables obstaculizó continuamente el crecimiento de su relación. La masacre de Wounded Knee no fue diferente; de hecho, lo curioso es que, a pesar de sus constantes afirmaciones sobre el salvajismo y la barbarie de los indios, al contar el número de muertos de estadounidenses y nativos americanos del siglo XIX, el número de víctimas civiles de nativos americanos se multiplica por diez del de las bajas estadounidenses. Pero los historiadores ignoraron estos hechos durante mucho tiempo, lo que ha resultado en la imagen pública distorsionada que ha tomado la Masacre de Wounded Knee. Esto continúa incluso hasta el día de hoy, ya que muchos creen que fue un trágico accidente.

Capítulo 3- Breve Descripción de los Protagonistas Clave de la Masacre de Wounded Knee

En este capítulo del libro, echaremos un vistazo a las vidas de las figuras históricas clave de la masacre de Wounded Knee para obtener una idea de sus acciones en ese fatídico día.

Mayor General Nelson A. Miles

A finales del siglo XIX, era muy inusual que los colonos estadounidenses simpatizaran con la difícil situación de los nativos americanos. Solo los periódicos europeos parecían ver la situación como lo que era: un genocidio masivo gradual. A pesar de la opinión pública y política poco saludable con respecto a los nativos americanos en ese momento, Nelson A. Miles resultó ser uno de los primeros y más vocales activistas por los derechos de los nativos americanos. Su actitud y conducta con respecto a las políticas del gobierno anti-indio finalmente lo hicieron tan impopular que hubo una sensación general de alivio cuando se retiró.

A diferencia de muchos de los oficiales de alto rango del ejército estadounidense, Nelson Appleton Miles procedía de orígenes humildes. Nacido en el seno de una sencilla familia de agricultores el

8 de agosto de 1839 en Westminster, Massachusetts, Miles tuvo una infancia relativamente sencilla. Asistió a la escuela local hasta que se convirtió en un adolescente, momento en el que se mudó a Boston. También fue excepcional en el hecho de que no asistió a West Point, como lo habían hecho muchos de sus compañeros. Después de mudarse a Boston, Miles tuvo la oportunidad de leer muchos libros sobre historia y tácticas militares, que leía a altas horas de la noche después de terminar su trabajo diario. Para ejercicios prácticos y lecciones, se dirigió a un oficial francés retirado en Boston quien le tomó simpatía y le enseñó. Cuando estalló la guerra civil, Miles finalmente se unió al ejército. Como parte de la 22ª Infantería Voluntaria de Massachusetts, fue comisionado como teniente en 1861. Participó en su primera batalla en la batalla de Seven Pines al año siguiente bajo el mando del general de brigada Oliver Howard. Miles resultó herido en la batalla, pero había demostrado una valentía admirable en su primera escaramuza, por lo que, después de su recuperación, fue ascendido a teniente coronel.

Después de ser transferido a la 61 División de Infantería de Nueva York, Miles eventualmente participaría en la batalla de Antietam, donde recibió un ascenso completo a coronel por mostrar más valentía. Lideró dos batallas más durante la guerra civil, la batalla de Fredericksburg y la batalla de Chancellorsville. Durante la batalla de Chancellorsville, Miles resultó gravemente herido, tras recibir un disparo en el cuello y el abdomen. Miles recibió una Medalla de Honor por su actuación en esa batalla, pero terminó faltando a la crucial batalla de Gettysburg debido a sus heridas. Una vez que se recuperó, se convertiría en uno de los comandantes más consumados de la guerra civil, liderando al Ejército de los Estados Unidos contra los confederados en las batallas del Desierto y el Palacio de Justicia de Spotsylvania bajo el mando del Mayor General Scott Hancock. Más tarde fue trasladado al regimiento del general Ulysses Grant (que se convertiría en presidente de los Estados Unidos), donde participó en la campaña Overland de Grant. Para cuando terminó la guerra civil, Miles había logrado un ascenso meteórico en las filas militares de

Estados Unidos, alcanzando el rango de general mayor de voluntarios con solo 26 años.

A pesar de este éxito, el período posterior a la guerra civil no fue gentil con él debido a su propia naturaleza demasiado ambiciosa. Su logro como soldado le valió el rango de coronel en el ejército de los Estados Unidos después de la guerra, un puesto mucho más alto que muchos de los graduados de West Point que tuvieron desempeños similares en la guerra civil. Pero para Miles, que estaba buscando el puesto de general, esto no fue suficiente. Entonces, eligió la frontera occidental como el próximo lugar para demostrar su valía. Tomando el mando del 5º Regimiento de Infantería en 1869, participaría en múltiples campañas militares en las Grandes Llanuras durante las siguientes dos décadas. De hecho, después de la derrota de Custer en la batalla de Little Bighorn, Miles fue quien tomó medidas enérgicas contra las tribus Lakota y Dakota en las Grandes Llanuras durante el invierno de 1876. Miles supervisó las operaciones desde Fort Keogh y aprovechó la mayor parte de Lakota y Northern Cheyenne al rendirse y trasladarse a la Gran Reserva Sioux. Su otro logro notable durante este período fue el establecimiento de líneas de heliógrafo como medio principal de comunicación segura para el ejército estadounidense en las Grandes Llanuras.

Después de dos décadas de vida en la frontera, Miles finalmente fue ascendido a mayor general en 1890, el mismo año en que ocurrió la masacre de Wounded Knee. Después de que las guerras indígenas americanas terminaran extraoficialmente con la Masacre de Wounded Knee (los conflictos continuarían, pero eran mucho más reducidos que antes), Miles pasaría los últimos años activos de su carrera militar planeando y coordinando la guerra hispanoamericana de lo cual fue políticamente marginado de participar. En 1903, el general Miles finalmente se retiró del ejército y pasó el resto de sus días en una relativa impopularidad y oscuridad. Esto se debió a que, después de retirarse del ejército de los Estados Unidos, Miles dedicó su tiempo a ser uno de los primeros activistas por los derechos de los nativos americanos. Su activismo condujo a las investigaciones de 1917 y 1920 sobre los eventos de la masacre de Wounded Knee. Nelson murió en 1925 de un ataque al corazón mientras asistía a un circo con sus nietos.

A pesar de ser impopular durante su vida debido a sus enfrentamientos con el presidente Benjamin Harrison y los altos mandos militares en los años posteriores a la masacre de Wounded Knee, Miles es probablemente el único oficial del ejército de los Estados Unidos en la actualidad que es recordado respetuosamente gracias a sus intentos de corregir los errores del gobierno estadounidense y su gente. Aunque Miles no vivió para ver cumplido su legado, definitivamente jugó un papel clave en el inicio de la chispa que inició el fuego del activismo por los derechos de los nativos americanos en Estados Unidos.

James W. Forsyth

Forsyth, una figura relativamente discreta en el ejército antes de la masacre de Wounded Knee, era conocido por ser un oficial confiable, incluso era uno de los mejores. Nacido en una familia de ingresos medios, Forsyth asistió a escuelas locales antes de matricularse en West Point Academy en 1851. Estudió y se graduó en West Point en 1856 con la única intención de unirse al ejército. Después de graduarse, fue destinado al 9º de Infantería de los Estados Unidos y comisionado como segundo teniente.

Después de pasar unos años en puestos idílicos en la isla de San Juan y el Territorio de Washington, Forsyth finalmente se unió al bando de la Unión en la guerra civil americana. Cuando se unió a la 64 Infantería de Ohio, fue ascendido al rango de coronel. A pesar de su alto rango, Forsyth no era un soldado muy competente. Durante su mandato en el Ejército de los Estados Unidos durante la guerra civil estadounidense, se desempeñó como inspector general, ayudante de campo, mariscal preboste y jefe de personal del Ejército de Potomac, el Ejército de Shenandoah y las fuerzas del general Grant en su Campaña Overland. Durante la guerra, Forsyth fue un partidario vocal de los Buffalo Soldiers, la nueva unidad afroamericana que se formó para luchar contra los confederados. A la luz de su servicio militar temprano, uno podría llamar a Forsyth un hombre de naturaleza política, ya que todos sus roles constituían el mantenimiento de la comunicación y la disciplina dentro de los soldados de base.

A pesar de su papel pasivo en la guerra civil, Forsyth participó activamente en campañas militares en las guerras indígenas americanas después de ser nombrado secretario, y posteriormente inspector, del Departamento de Missouri en 1866. Como oficial del Ejército de los Estados Unidos, también tuvo el privilegio de viajar a Europa para actuar como observador en la guerra franco-prusiana en 1870. Después de su regreso de Europa, Forsyth participó en la guerra de Bannock de 1878 y finalmente formuló el plan de estudios para el entrenamiento de artillería para el Ejército de los Estados Unidos. En 1886, Forsyth fue ascendido a coronel y asumió el mando de la 7ma Caballería de Estados Unidos. Luego marchó a Fort Riley, Kansas, donde permaneció en su puesto hasta noviembre de 1890.

Además de desempeñar un papel clave en los eventos de la Masacre de Wounded Knee, Forsyth también luchó en la Drexel Mission Fight al día siguiente antes de ser relevado del mando por el propio Miles. Después de la masacre, fue juzgado según la solicitud del mayor general Miles de que se investigara su conducta. Sin embargo, después de completar la investigación, fue elogiado por su valentía en la "batalla" de Wounded Knee. Después de estos eventos, también fue ascendido al rango de general de brigada en 1894 antes de ser ascendido finalmente a general de división en 1897. Forsyth falleció en Ohio en 1906 después de una vida de servicio militar.

Spotted Elk

Spotted Elk es la traducción al inglés del nombre nativo americano *Uŋpȟáŋ Gleška*, que también se escribe como *Hupah Gleška*. La fecha exacta de su nacimiento no está confirmada, pero se estima que fue entre 1820 y 1826. Como el hijo del jefe Lone Horse Minconjou, Spotted Elk sucedió a su padre en 1877[1]

Tanto antes como después de su ascensión como líder de su tribu, era conocido por ser un hombre de paz y un diplomático muy hábil. Pero eso no significaba que Spotted Elk careciera de valor; participó en la gran guerra Sioux con su medio hermano Sitting Bull y su sobrino Crazy Horse, junto con otros jefes Sioux. Pero como sabemos por la historia, su victoria en la batalla de Little Bighorn terminó volcando a los Sioux, quienes fueron tenazmente perseguidos y reprimidos por el Ejército de los Estados Unidos, lo que los obligó a huir a Canadá con Sitting Bull o retirarse a las tierras de reserva asignadas por el gobierno.

Spotted Elk fue uno de los primeros líderes Sioux en ceder a las demandas del gobierno y trató de asegurarse de que su gente adoptara el "camino del hombre blanco" para garantizar su supervivencia. En la década de 1880, hizo todo lo posible por ganarse el favor del gobierno en Washington para mejorar la condición de su tribu mediante la expansión de su educación, pero finalmente cayó en oídos sordos. Después de años de intentos vanos, Spotted Elk finalmente se relegó a los confines de su aldea hasta los eventos que llevaron a la muerte de Toro Sentado. Después de la muerte de Toro Sentado, los miembros de sus tribus viajaron para refugiarse con Spotted Elk, quien llevó a su tribu a la Reserva Pine Ridge después de que el Jefe Red Cloud lo invitara. Sin embargo, antes de que pudieran llegar allí, el ejército de los Estados Unidos los alcanzó, lo que llevó a los hechos de la masacre. Este amado jefe de Miniconjou dio su último suspiro en la masacre de Wounded Knee, junto con aproximadamente otras 300 víctimas.

---

[1] Miniconjou es una subdivision de los Lakota.

Capítulo 4- Preludio de la Masacre de Wounded Knee

Si bien puede ser fácil culpar al Ejército de los Estados Unidos como los villanos por permitir que las cosas se salieran de control, la verdad es algo más complicada. La culpa la tenía la agencia india responsable de supervisar la reserva de Lakota en ese momento. La masacre de Wounded Knee es uno de los muchos escenarios en los que las agencias indias designadas por el gobierno no cumplieron con su responsabilidad básica de interactuar y comunicarse con los nativos americanos en la reserva, que era para lo que estaba destinado originalmente el puesto. Muchos de los agentes de reserva nombrados en la segunda mitad del siglo XIX eran racistas, intolerantes y fanáticos religiosos que intentaron degradar y occidentalizar a los nativos americanos que residían en las agencias en contra de su voluntad. Dos de esas personas fueron Daniel F. Royer de la Agencia Indígena Pine Ridge y James McLaughlin de la Agencia Standing Rock. Ambos hombres eran extremadamente paranoicos e irracionales, y Royer solicitó una intervención militar contra los Danzantes de los Espíritus tan pronto como fue designado para el puesto, ya que no le agradaba la nueva religión. Para ello, hizo falsas afirmaciones de violencia y levantamientos, lo que llevó al Ejército de

Estados Unidos a enviar un destacamento de soldados para verificar y controlar la situación luego de que el presidente Benjamin Harrison se sintiera presionado por la "amenaza india", como la llamaron los periódicos. El principal objetivo de la movilización militar era capturar a Sitting Bull y algunos otros jefes para poner fin a lo que las autoridades estadounidenses denominaron la "Locura del Mesías".

Para tener una comprensión más profunda de lo que sucedió durante la masacre de Wounded Knee, uno tiene que comprender la importancia y el significado del segundo Tratado de Fort Laramie que se firmó en 1868. El resumen principal del tratado era el siguiente:

- El gobierno de los Estados Unidos proporcionaría reparaciones por los daños causados a los nativos americanos en la reciente guerra de Nube Roja, así como por conflictos pasados.

- Cualquier disputa criminal que involucre a un colono de raza blanca se resolvería a través del agente del gobierno designado para la reserva de los nativos americanos.

- Las decisiones con respecto a las tierras de la reserva dependerían totalmente de los Sioux sin interferencia del gobierno de los Estados Unidos.

- Si el gobierno de los Estados Unidos quisiera ceder el territorio de la reserva en el futuro, tendría que realizar una votación para la resolución propuesta y recibir tres cuartos de los votos de los hombres de los nativos americanos mayores que residían en la reserva a favor de la resolución.

Como se mencionó anteriormente, el gobierno de Estados Unidos rompió la mayoría de las condiciones del tratado. Si bien esto causó resentimiento entre los habitantes de la reserva, dado que su estilo de vida en general no se vio afectado, en su mayoría aceptaron estas violaciones de una manera insatisfecha. Pero el gobierno de los Estados Unidos cruzó la línea en 1877 cuando intentó ocupar la región de Black Hills. Esto finalmente agotó la paciencia de los Sioux, ya que el territorio de Black Hills era su principal terreno de caza, ya que estaba repleto de recursos. Gracias a esta parte de la reserva, realmente no tenían que depender de los suministros del gobierno para sobrevivir. Pero todo esto cambió cuando se encontró oro en la región, y el 28 de febrero, el Congreso de los Estados Unidos pasó por alto el Tratado de Fort Laramie con el Acuerdo de 1877. El resumen de esta ley se redujo a que el gobierno de los Estados Unidos declarara que tenían la intención de comprar la Región de Black Hill de los nativos americanos. Como abarcaba 7.3 millones de acres de tierra, la propiedad de la tierra de Black Hills equivalía a la supervivencia de los nativos americanos si no querían depender de la ayuda del gobierno. Los colonos y soldados estadounidenses ya habían eliminado a la mayor parte de la población de bisontes de las Grandes Llanuras, convirtiendo a Black Hills en el último lugar de caza y pesca que quedaba para las tribus de las Grandes Llanuras. Las fronteras de la reserva se volvieron a trazar con firmeza, y aunque la Ley Black Hills mencionaba que la tierra había sido comprada a los Sioux, en realidad no se realizaron transacciones, un hecho que fue reconocido 103 años después por el sistema judicial de Estados Unidos en 1980.

Durante la siguiente década, la población de bisontes de las Grandes Llanuras estuvo a punto de extinguirse. En 1888, las cosas empezaron a ponerse difíciles de nuevo cuando los suministros de carne del gobierno para la Gran Reserva Sioux fueron estropeados por ántrax en circunstancias misteriosas, lo que indica que pronto seguirían años duros de hambruna. En 1889, la Ley de Asignación General, también conocida como Ley Dawes, fue promulgada enérgicamente por el gobierno de los Estados Unidos, que dividió la Gran Reserva Sioux en cinco más reducidas: Standing Rock, Cheyenne River, Rosebud, Pine Ridge y Lower Brule. Después de ser puesto bajo presión pública para lidiar con la "amenaza de la Danza de los Espíritus", como la llamaron los periódicos, el presidente Benjamin Harrison permitió que los militares tomaran el control de la situación. Las fuerzas militares enviadas por Washington fueron dirigidas por el general Nelson A. Miles, quien era un hombre pragmático que esperaba resolver las tensiones raciales de manera pacífica. Mientras se dirigía a la Agencia Pine Ridge, envió el siguiente telegrama a John Schofield, el comandante general del Ejército de los Estados Unidos, el 19 de diciembre, cuatro días después de la muerte de Sitting Bull.

El difícil problema indio no puede resolverse de forma permanente en este extremo de la línea. Requiere el cumplimiento del Congreso de las obligaciones del tratado que los indios fueron suplicados y obligados a firmar. Firmaron una parte valiosa de su reserva y ahora está ocupada por blancos, por quienes no han recibido nada.

Entendieron que se haría una amplia provisión para su apoyo; en cambio, sus suministros se han reducido y gran parte del tiempo han estado viviendo con la mitad y dos tercios de raciones. Sus cosechas, así como las cosechas de los blancos, durante dos años han sido un fracaso casi total.

La insatisfacción está muy extendida, especialmente entre los Sioux, mientras que los Cheyennes han estado al borde de la inanición y se vieron obligados a cometer depredaciones para conservar la vida. Estos hechos están fuera de toda duda y la evidencia es positiva y está respaldada por miles de testigos.

Desafortunadamente, esta carta no llegó al ojo público hasta mucho después de que sucedieron los eventos de Wounded Knee. Los periódicos estadounidenses (además de los locales) estaban demasiado ocupados retratando la tensa situación en Pine Ridge, y es muy dudoso que la carta finalmente hubiera tenido algún impacto en el cambio de opinión pública en ese momento de cualquier manera.

Cabe mencionar que los periódicos en ese momento tenían la misma culpa de forzar la realidad y plantar las semillas de la falsedad como lo fueron los agentes de reserva involucrados en el incidente. A raíz de los eventos de la batalla de Little Bighorn, las publicaciones nacionales mostraron su poder torciendo la opinión pública con gran efecto, lo que permitió al gobierno y al ejército sofocar la gran guerra Sioux con la fuerza bruta. En el caso de la masacre de Wounded Knee, la prensa había estado echando leña al fuego de antemano al fabricar historias elegantes de intriga y "salvajismo indio" que impulsaba al público a exigir al gobierno que interviniera antes de que condujera a otro levantamiento de nativos americanos. Incluso después de que ocurrió la masacre, la mayoría de los periódicos continuaron apoyando al gobierno. William Fitch Kelley, un reportero de Nebraska que fue el único corresponsal activo en la escena con el ejército en ese fatídico día, jugó un papel enorme en confundir los eventos de la masacre al informar más tarde que fueron los nativos americanos quienes abrieron fuego primero, una declaración que fue contradicha por George Bartlett, un agente de la ley y tendero estacionado cerca de Wounded Knee. Por cierto, también era un pistolero legendario y tenía la reputación de ser un hombre honorable. Su testimonio también fue importante, ya que fue una de las pocas personas enviadas por el gobierno de los Estados Unidos para convencer a los nativos americanos de que fueran más pacíficos, ya que tenía relaciones amistosas con ellos y hablaba su idioma. Sin embargo, su puesto como mariscal de Estados Unidos le fue arrebatado repentinamente después de la masacre de Wounded Knee. Sus declaraciones se registraron por primera vez después de que comenzó a trabajar como showman ambulante a finales de la década de 1890.

La directriz principal para la expedición inicial fue aprehender a Sitting Bull, que seguía siendo la figura más influyente en la comunidad Lakota debido a sus victorias en la gran guerra Sioux. Cuando el gobierno decidió reducir las raciones para su tribu, Sitting Bull no tuvo más remedio que permitir que la gente de su tribu adaptara la nueva religión de la Danza de los Espíritus, ya que oponerse a ella habría comprometido la integridad de su liderazgo. Aunque la mayoría de sus leales seguidores practicaban la nueva religión, múltiples fuentes indican que el propio Sitting Bull no adoptó la nueva fe. No está claro qué llevó a James McLaughlin a anular las órdenes militares y tomar medidas más allá de su jurisdicción, pero lo que se sabe es que justo antes de que llegaran los militares, envió entre 35 y 40 agentes de policía de la reserva para arrestar a Sitting Bull y ponerlo bajo custodia. Sitting Bull se negó a ir con los oficiales y estalló una pelea cuando la policía intentó arrestar a Sitting Bull por la fuerza. Uno de los seguidores de Sitting Bull llamado Catch-the-Bear disparó el primer tiro, hiriendo al teniente Bullhead, quien, sorprendentemente, decidió disparar a Sitting Bull en el pecho con su revólver en lugar de su atacante real. Un oficial de policía llamado Red Tomahawk posteriormente le disparó a Sitting Bull en la cabeza, quien después cayó al suelo y luego murió a causa de sus heridas.

Muchos historiadores consideran lo anterior como una prueba condenatoria de que todo el asunto fue una trampa para conseguir una excusa para matar al viejo jefe Lakota que tenía suficiente influencia en las comunidades nativas americanas para provocar un conflicto. Otros relatos de testigos presenciales de múltiples fuentes, incluido George Bartlett, han ayudado a confirmar esta teoría a lo largo de los años. Pero lo que sucedió en lugar de un levantamiento fue que muchos de los Lakota escaparon directamente de la reserva durante los días siguientes. Alrededor de 200 Lakota escaparon a la Reserva del río Cheyenne para unirse a Spotted Elk, pero en poco tiempo, Spotted Elk se dirigió a la Agencia Pine Ridge después de que el Jefe Red Cloud, un líder de Oglala Lakota, lo invitara. Spotted Elk fue seguido por los antiguos seguidores de Toro Sentado, así como por 150 miembros de la tribu Hunkpapa, que constaban de solo 38 guerreros. Aunque inicialmente estaba pensando en quedarse en su aldea, Spotted Elk temía que hacerlo solo resultaría en otro escenario como el incidente de Sitting Bull, por lo que se dirigió hacia Pine Ridge después de recibir una invitación del Jefe Red Cloud. Según la historia oral india registrada, Spotted Elk inicialmente se mostró renuente a abandonar la aldea e hizo todo lo posible para convencer a los demás de que se quedaran, pero muchos de los seguidores de

Sitting Bull se sintieron incómodos y lo instaron a que se fuera. Después de un debate, Spotted Elk y sus seguidores huyeron de su reserva para dirigirse al sur el 23 de diciembre de 1890. El clima era extremadamente hostil, ya que viajaban en pleno invierno, y Spotted Elk contrajo neumonía a los dos días del viaje.

Los militares finalmente alcanzaron a los beligerantes Lakota el 28 de diciembre, obligándolos a detenerse. Escoltaron a los nativos americanos hasta el cercano Wounded Knee Creek, que estaba a aproximadamente cinco millas al oeste. En ese momento, la salud de Spotted Elk había disminuido significativamente y se encontraba en su lecho de muerte cuando el comandante de las fuerzas estadounidenses lo llamó para que se reuniera afuera de su tienda. Un Spotted Elk extremadamente enfermo fue llevado afuera para encontrarse con el coronel James Forsyth, quien había llegado la noche anterior con el resto del 7mo Calvario, en la tarde del 29 de diciembre de 1890. Temprano en la mañana, el coronel había ordenado una búsqueda de armas entre las tiendas de nativos americanos, que arrojaron 38 rifles en total, aunque se descubrieron más a medida que continuaron la búsqueda. La mayoría de estos rifles eran armas de caza y tenían un diseño comparativamente anticuado en comparación con el armamento del Ejército de los Estados Unidos en ese momento, que también incluía los cañones de montaña M1875 diseñados por Hotchkiss (mini-cañones que disparaban proyectiles de artillería), de los cuales cuatro estaban instalados alrededor del campamento. Al parecer, el coronel Forsyth no estaba satisfecho con la cantidad de armas que habían encontrado y exigió que Spotted Elk les indicara a los miembros de su tribu que entregaran cualquier arma oculta. Es en este punto en que la versión americana y nativa americana de los eventos que sucedieron divergen sustancialmente entre sí.

Capítulo 5- La Masacre de Wounded Knee y la Verdad detrás de los Hechos

Los hechos reales de la masacre tuvieron lugar en un período de tiempo muy corto. Pero son estas acciones las que plantean muchas preguntas. Antes de echar un vistazo a esas preguntas, analicemos los eventos de la masacre de Wounded Knee.

Aunque las dos versiones de la narrativa divergen, ambas coinciden en algunos puntos clave. Como se mencionó en el capítulo anterior, los Lakota bajo el estandarte de Spotted Elk comenzaron su expedición hacia la Reserva de Pine Ridge el 23 de diciembre de 1890. Spotted Elk y su séquito se encontraban a veinte millas al noreste de la Agencia de Pine Ridge cuando los Lakota fueron detenidos y obligados a acampar en Wounded Knee Creek por la noche. El coronel Forsyth llegó más tarde esa noche, lo que elevó el número total de soldados estadounidenses a 500. En marcado contraste, los Lakota solo contaban con 350, de los cuales 230 eran hombres y 120 mujeres y niños. A la mañana siguiente, Forsyth inició sus conversaciones con los Lakota, agitando una situación cada vez más tensa.

En medio del acalorado intercambio de palabras, un curandero llamado Yellow Bird inició la Danza de los Espíritus, que se realiza de forma lenta y rítmica, alarmando a los soldados que consideraron la danza como el preludio de la guerra. Según los informes, esto provocó una reacción agresiva de los guerreros nativos americanos alrededor de Yellow Bird, quienes comenzaron a cantar con él y gritar a los soldados estadounidenses. Estas acciones llevaron a Forsyth a realizar una segunda búsqueda de armas (que los registros militares confirman que es real) cuando Spotted Elk fue llevado en una camilla para conversar con Forsyth. Mientras los dos conversaban, los soldados estadounidenses realizaban la búsqueda. Durante el mismo, se encontraron con un hombre Lakota llamado Black Coyote, que se negó a entregar su arma. Black Coyote era sordo y no entendía mucho inglés, y dado que se negó rotundamente a entregar su arma, provocó una pelea con los soldados. Se disparó un tiro durante la pelea, después de lo cual ambos lados comenzaron a dispararse entre sí. Todo terminó en cuestión de minutos, y cuando el humo finalmente se disipó, entre 250 y 300 Lakota yacían muertos en el campamento, incluido Spotted Elk. Cincuenta y uno de los Lakota resultaron heridos, y siete de ellos murieron más tarde a causa de sus heridas, lo que significa que todos los Lakota que estaban presentes en el campamento murieron o resultaron heridos por el devastador ataque. El Ejército de los Estados Unidos tuvo 64 bajas, 39 de ellas heridas, aunque algunas murieron más tarde a causa de las mismas. Incidentalmente, la mayoría de las bajas en el lado estadounidense fueron causadas por sus propias armas Hotchkiss.

Aunque la masacre terminó, el conflicto no fue completamente contenido. Al día siguiente, tuvo lugar otra batalla en la Reserva de Pine Ridge conocida como Drexel Mission Fight, que nuevamente vio a Forsyth lidiando con los Lakota. Los nativos americanos en la reserva supuestamente habían incendiado la Misión Católica, y Forsyth, sus ocho tropas y una batería de artillería se involucraron con el Brulé Lakota de la Reserva Rosebud mientras intentaban determinar si había algo de verdad en la historia. El violento ataque llevó al 7º de Caballería a una derrota segura, pero fueron rescatados por un regimiento de soldados Buffalo del 9º de Caballería dirigido por el Mayor Guy V. Henry. Este evento fue ignorado por la mayoría de los periódicos en ese momento, pero fue un punto clave en el juicio de investigación iniciado por el general Miles.

De las muchas versiones de los eventos de la masacre de Wounded Knee, estos son los hechos comúnmente establecidos. La prueba arqueológica es lamentablemente discutible debido al hecho de que los Lakota fueron sepultados sin ceremonias en una fosa común sin nombre. Si analizamos las diversas publicaciones históricas sobre la masacre de Wounded Knee de diversos autores en Internet, encontrará al menos siete a ocho versiones diferentes de los hechos. Entonces, lo que intentaremos lograr es tomar las versiones más aceptadas y creíbles de la masacre del Ejército de Estados Unidos y Lakota y analizarlas para eliminar las discrepancias y formar una imagen clara y concisa de los eventos que siguieron.

Forsyth no hablaba con fluidez la lengua Lakota, por lo que acudió a un traductor mestizo Sioux llamado Philip Wells. Wells era la única persona en todo el destacamento que podía entender y hablar el idioma Lakota, lo que genera sospechas sobre si Wells fue el único responsable del malentendido entre el Ejército de los Estados Unidos y el Lakota, que ya estaba al límite. Su herencia mestiza podría haber sido una motivación suficiente: los nativos americanos solían despreciar la herencia mixta incluso cuando se trataba de sus propias tribus, por lo que es lógico que Wells hubiera tenido dificultades para crecer entre los nativos americanos, llevándolo a complicar las cosas. Así mismo también está el hecho de que su versión de los eventos varía enormemente del testimonio de muchos de los soldados que participaron en los eventos de Wounded Knee.

Según Wells, los Lakota estaban comenzando a hablar con sospecha después de que se llevó a cabo la primera búsqueda y se recuperaron los rifles de caza de pequeño calibre. Todas las familias estaban alineadas afuera de sus tipis mientras los soldados hurgaban en sus pertenencias en busca de armas. También fue en este punto que las mujeres y los niños fueron separados de los hombres, un punto importante a tener en cuenta mientras discutimos y analizamos la credibilidad de la versión estadounidense de los hechos. Esto aparentemente lo llevó a informar al mayor Samuel Whitside que los hombres de Lakota estaban tramando alguna venganza, lo que hizo que el coronel Forsyth ordenara la segunda búsqueda.

Hasta este punto, la declaración de Wells no difiere de los otros relatos de la masacre. La contradicción comienza cuando afirmó que tan pronto como Yellow Bird terminó su baile y se sentó, algunos de los hombres Lakota que estaban de pie al margen para observar el encuentro entre Spotted Elk y el coronel Forsyth comenzaron a disparar contra los soldados estadounidenses. Los soldados comenzaron a disparar, y en la confusión, los Lakota aparentemente dispararon a su mujer e hijos.

Existen muchos problemas con esta narrativa. En primer lugar, si efectivamente hubo una conspiración en el campo para tender una emboscada al ejército de los Estados Unidos, ¿por qué no se encontraron todas las armas en la primera búsqueda? En segundo lugar, se ha demostrado repetidas veces en guerras pasadas que los hombres Sioux no estaban dispuestos a hacer nada imprudente para poner en peligro a sus mujeres y niños. Estas, junto con algunas otras discrepancias, como por qué los hombres del campamento hablarían abiertamente de sus planes sabiendo que había un traductor cerca, desacreditan por completo el relato de Wells sobre los hechos.

La versión más auténtica del evento sorprendentemente se remonta a uno de los soldados estadounidenses que participaron en la batalla. A diferencia de muchos de sus compañeros soldados, el soldado Hugh McGinnis del 1.er Batallón del 7.° de Caballería no mostró ninguna buena voluntad hacia las acciones del 7.° de Caballería ese día, ya que él mismo resultó gravemente herido por un disparo de las armas Hotchkiss. McGinnis guardó silencio sobre su versión de los hechos durante muchos años hasta unos meses antes de su muerte. Escribió un extenso relato de los eventos de su versión de la historia, que coincide con lo que los Lakota y los activistas de derechos de los nativos americanos habían estado tratando de demostrar durante años: que la masacre de Wounded Knee no fue una batalla sino un genocidio masivo. Su historia se publicó póstumamente en la edición de enero de 1966 de la revista Real West.

Según el relato de McGinnis, cuando el ejército estadounidense instaló el campamento el día 28, las cuatro pistolas Hotchkiss que acompañaban al destacamento estaban ubicadas en un terreno elevado cerca de la entrada y los lados del campamento. Forsyth exigió que los Lakota entregaran sus armas, lo cual no les agradó del todo, argumentando que, sin sus armas de caza, no podrían sobrevivir. Su respuesta pareció enfurecer demasiado a Forsyth, quien ordenó a los soldados que llevaran a los hombres fuera de sus tipis y posteriormente registraron cada centímetro de las tiendas. Algunas de las indias nativas americanas (mujeres casadas) comenzaron a protestar por la destrucción aleatoria de sus propiedades. En este punto, las mujeres y los niños fueron conducidos desde sus tiendas hasta el frente del campamento, mientras que a los hombres se les ordenó que se colocaran fuera de la entrada del campamento.

McGinnis y otros veinte soldados estaban posicionados para vigilar a las mujeres cuando McGinnis escuchó un disparo repentino. Luego de ese disparo, los soldados que rodeaban el campamento comenzaron a disparar contra su posición donde estaban reunidas las mujeres y los niños. La primera descarga de los cuatro cañones Hotchkiss fue dirigida a los civiles en lugar de a los hombres frente a la entrada, matando o hiriendo gravemente a la mayoría de ellos, incluidos los soldados estadounidenses que custodiaban el campamento de Lakota. McGinnis resultó herido por una de las rondas explosivas infundidas de metralla de Hotchkiss, que provocó la muerte en un amplio radio. Por lo que observó en su estado herido, hombres, mujeres y niños a la vista estaban siendo asesinados sin piedad mientras los hombres Lakota intentaban contraatacar con garrotes y otras armas primitivas.

Lo que es tan convincente sobre el relato de McGinnis es que no tenía ninguna razón para mentir en su lecho de muerte y que se relaciona con la teoría de que la Séptima Caballería disparó contra sus propios hombres, un hecho que se negó constantemente durante mucho tiempo. Lo más importante es que demuestra que las afirmaciones del general Miles no fueron algo conjurado para ocultar su mano en los hechos de ese día porque, aunque no estuvo presente durante la masacre, era el comandante de las fuerzas en la zona y nunca había pretendía que algo así sucediera cuando dio la orden de arrestar a Sitting Bull.

Los sobrevivientes de Lakota también contaron sus relatos de los eventos de ese día, y son increíblemente similares al relato de McGinnis. La única diferencia clave en su versión es que los soldados estadounidenses, mientras buscaban armas, intentaban estimar la edad de los hombres adultos en el campo. Parecía como si estuvieran tratando de determinar si los hombres tenían la edad suficiente para haber participado en la batalla de Little Bighorn, una batalla que todavía pesaba mucho en las mentes de los militares estadounidenses.

La trágica ironía es que los eventos en Wounded Knee fueron lo contrario de lo que ocurrió durante la batalla de Little Bighorn, que fue una verdadera batalla que vio la aniquilación del Ejército de los Estados Unidos en lugar de los civiles estadounidenses. En la masacre de Wounded Knee, solo hubo alrededor de 50 sobrevivientes Lakota. Un sobreviviente, un hombre llamado Dewey Beard, se alejaba arrastrándose de la escena de la masacre cuando fue encontrado por cinco guerreros Oglala que rápidamente se lo llevaron. Dewey también logró encontrar a su pequeña hija, que estaba viva, pero tristemente murió al año siguiente. Contó sus historias a sus nietos, ya que los sobrevivientes eran bastante mayores cuando sus historias salieron a la luz pública. Entonces, los eventos de ese terrible día han sido cuidadosamente construidos por historiadores a lo largo de los años a partir de registros judiciales, así como de diarios y revistas que muchos de los participantes dejaron atrás. A pesar de las mentiras contadas para justificar la masacre como una batalla después de su ocurrencia, estas documentaciones finalmente dieron paso a la verdad.

Una de las sobrevivientes, Alice Ghost Horse, relató a sus nietos los eventos que llevaron a cabo ese día.

> Al anochecer estábamos completamente rodeados por soldados de infantería, todos con rifles. Mi madre y yo bajamos al riachuelo a recolectar leña e ir al baño, pero dos soldados nos siguieron... así que nos apuramos y volvimos con unos palos. En ese momento todos se fueron a la cama, todos estábamos cansados de este duro viaje. Algunos de los jóvenes estuvieron despiertos toda la noche para observar a los soldados. Algunos de los soldados estaban borrachos y decían cosas malas sobre las mujeres Lakota.

Con respecto a los eventos del día de la masacre, parece muy probable que las acciones de Yellow Bird realmente pusieran nerviosos a los soldados estadounidenses, no a Black Coyote. Según Alice,

> Un curandero llamado Yellow Bird... estaba de pie mirando hacia el este, justo al lado del pozo de fuego que ahora estaba cubierto con tierra fresca. Estaba rezando y llorando. Les estaba diciendo a las águilas manchadas que quería morir en lugar de su gente. Debía sentir que algo iba a suceder. Recogió un poco de tierra de la chimenea y la tiró al aire y dijo: "Esta es la forma en que quiero volver: al polvo".

Los historiadores modernos están de acuerdo en que Philip Wells instigó la masacre a través de una mala traducción o fue deficiente en el dialecto Lakota, a pesar de ser mitad Sioux. La versión de Alice de los eventos combinada con las declaraciones de Dewey Bear parece indicar lo primero: Wells simplemente estaba instigando a los soldados estadounidenses al traducir de manera errónea los cánticos de Yellow Bird.

Capítulo 6- La Investigación Militar de la Masacre de Wounded Knee y el Debate de la Medalla de Honor

"Si Forsyth se sintió liberado porque murieron algunas indias norteamericanas, alguien había cometido un error, porque las mujeres han muerto en todas las guerras indias".

-General William T. Sherman

La declaración anterior fue hecha por el famoso héroe de guerra estadounidense, el general Sherman, al enterarse del juicio militar de James Forsyth. Que un hombre pudiera descartar la muerte de casi 120 mujeres y niños de manera tan casual puede parecer cruel en la actualidad, pero en los últimos años de las guerras indígenas americanas, este era el sentimiento general en el Ejército de los Estados Unidos, incluido el propio secretario de guerra. Parece que el único hombre que estaba afectado por la masacre en Wounded Knee en ese momento era el general de división Nelson Appleton Miles, quien insistió en una investigación oficial del evento. El general Miles no sabía que los hombres, en lugar de seguir las instrucciones que les había dado, estaban masacrando a los Lakota. Cuando se enteró de la masacre, quedó extremadamente consternado. También recibió un telegrama ese mismo día, elogiando el éxito de los esfuerzos del ejército y la valentía de sus hombres durante la supuesta batalla.

Después de recibir elogios de Washington por el logro militar en Wounded Knee, el general Miles estaba definitivamente perturbado, como lo expresó su telegrama a su superior al día siguiente. El 1 de enero de 1891, el general Miles envió el siguiente telegrama al mayor general John Schofield, quien era el comandante general del ejército de los Estados Unidos en ese momento:

> Recibido su telegrama de felicitaciones a la Séptima Caballería, pero como la actuación del coronel al mando será un asunto de seria consideración y sin duda será objeto de investigación, creí oportuno asesorarlo. En vista de lo anterior, ¿desea que su telegrama se transmita tal como se envió? Se afirma que la disposición de cuatrocientos soldados y cuatro piezas de artillería fue fatalmente defectuosa y un gran número de soldados murieron y resultaron heridos por el fuego de sus propias filas y un gran número de mujeres y niños murieron además de los hombres indios.

En respuesta, el general Miles recibió el siguiente telegrama al día siguiente:

> Él [el presidente] espera que el informe sobre el asesinato de mujeres y niños en el asunto de Wounded Knee sea infundado, y ordena que usted realice una investigación inmediata e informe los resultados al Departamento. Si hubo alguna conducta no militar, relevará al oficial responsable y utilizará las tropas allí comprometidas para evitar que se repita.

Al recibir el visto bueno, Miles pasó a tomar medidas para revivir a Forsyth de su comando. Pero primero, necesitaba pruebas sustanciales. Para una evaluación primaria del evento, Miles ya había enviado un equipo de investigación al mando del Capitán F. A.

Whitney la misma noche que envió el telegrama al Mayor General Schofield. La noche siguiente, organizó un equipo para sepultar a los nativos americanos muertos, ya que tuvieron que esperar a que estallara una tormenta de nieve antes de hacerlo. A lo largo de los dos días siguientes, el equipo enviado por Miles llevó a cabo una investigación en el campo de batalla, reconstruyendo los eventos probables observando el campo de batalla. Después de tres días de investigación, Whitney le envió a Miles la siguiente carta:

> Señor: De acuerdo con las instrucciones contenidas en su carta del 1 de enero de 1891, tengo el honor de informar que examiné el terreno donde ocurrió la batalla con la banda de Big Foot,[2] y conté el número de indios muertos y heridos, también el número de ponis y caballos con el siguiente resultado: 82 machos y 1 niño muertos, 2 machos malheridos, 40 cuadrillas muertas, 1 cuadrilla herida, una mujer india ciega ilesa; 4 niños pequeños y 1 papoose muertos, 40 machos y 7 mujeres asesinados en el campamento; 25 machos, 10 mujeres y 2 niños en el canon [sic] cerca y en un lado del campamento; el equilibrio se encontró en las colinas; 58 caballos y ponis y 1 burro fueron encontrados muertos.
>
> Existe evidencia de que se han retirado un gran número de cadáveres. Desde la nieve, las huellas de los carros se observan cerca de donde se suponía que habían estado los indios muertos o heridos. El campamento y los cuerpos de los indios habían sido saqueados antes de que llegara aquí mi mando. Prohibí que nada se removiera de los cuerpos de los indios o del campamento.

Después de enviar estos hallazgos a Schofield, Miles recibió el siguiente telegrama: "El secretario de guerra me ha indicado que le informe que no era la intención del presidente nombrar un tribunal de investigación... Se esperaba que usted mismo primero investigara

---

[2] Big Foot era el apodo de los militares estadounidenses para Spotted Elk.

el hecho y en el caso de ser revelado que hubo una conducta poco militar, para relevar al responsable".

Y es aquí donde Miles cometió su mayor error: después de recibir este telegrama, inmediatamente relevó a Forsyth de su mando, lo que finalmente hizo que la mayoría del personal del ejército pensara que Miles tenía una agenda personal y necesitaba a alguien a quien culpar de la masacre. El 5 de enero, Miles concluyó su investigación enviando el siguiente telegrama:

> El informe del coronel Forsyth y el mapa adjunto muestran las disposiciones que realizó, y el mapa presenta un hecho borrable [sic], a saber, los comandos se colocaron de manera que el fuego debe haber sido destructivo para algunos de sus propios hombres, mientras que otras partes de las tropas fueron colocadas de manera que no fueran efectivas. También parece que después de que se les quitó un gran número de armas (47) a los indios, la lucha se produjo entre las tropas y los indios en las proximidades. El mapa adicional coloca a las tropas en una posición diferente. Estas posiciones fueron indicadas por el Mayor Whitside, 7º de Caballería en el momento en que comenzó la lucha. El capitán Wallace fue asesinado con un garrote de guerra, otros fueron apuñalados con cuchillos y se utilizaron arcos y flechas.
>
> El número de bajas fueron el capitán Wallace y 24 hombres muertos, los tenientes Garlington, Gresham y Hawthorne y 33 hombres heridos. Hubo 82 hombres indios muertos y 64 mujeres y niños muertos y sepultados en el suelo, y cuatro han muerto desde entonces a causa de las heridas, 30 indios, incluidos hombres, mujeres y niños, algunos heridos han llegado al campamento hostil en White Clay Creek, ocho hombres se llevaron a este lugar once mujeres y dieciséis niños, todos heridos y treinta mujeres y niños ilesos. Otros cuerpos de indios, que suman 63, 20 de los cuales eran hombres, fueron capturados en American Horse

Creek, a 25 millas de Wounded Knee por 15 exploradores, y llevados a este campamento y desarmados sin que se produjeran bajas.

Mientras la lucha estaba en progreso con el mando del coronel Forsyth, unos 150 indios Brule abandonaron el campamento y luego en ruta desde Bad Lands a esta agencia, descendieron en ayuda o rescate de los indios Big Foot. Las tropas se habían separado entonces ampliamente en la persecución de los indios, y esta banda de Brules atacó al Capitán Jackson y recapturó a 26 prisioneros.

A pesar de haber descubierto correctamente la mayoría de los hechos, Miles finalmente no pudo probarlos en el tribunal militar, donde muchos de los participantes de la masacre dieron testimonios jurados que demostraban que el carácter y las acciones de Forsyth eran irreprochables. Después de una investigación de un mes, Forsyth fue liberado y se retiraron todos los cargos. El resultado de esta investigación fue, en última instancia, muy perjudicial para el general Miles. Por tratar de hacer lo correcto, fue condenado al ostracismo y despreciado por sus compañeros, algo de lo que no pudo escapar por el resto de su vida. Mientras Miles estaba condenado a la oscuridad, el Congreso otorgó medallas de honor a veinte de los participantes de la Masacre de Wounded Knee, así como recomendaciones para ser ascendidos.

Las Medallas de Honor, el mayor reconocimiento que se puede recibir en el ejército de los Estados Unidos, otorgadas a los hombres involucrados en la masacre de Wounded Knee han sido muy debatidas durante las últimas dos décadas e incluso más en la comunidad nativa americana. Muchos de los destinatarios recibieron medallas basándose únicamente en la cantidad de nativos americanos indefensos que masacraron en ese fatídico día, algunos incluso persiguieron a aquellos que intentaban esconderse de la masacre. Aunque las Medallas de Honor se otorgaron de manera más generosa durante este período de tiempo, los historiadores todavía creen que el número de medallas otorgadas durante esta "batalla" unilateral es inconsistente en comparación con otras batallas de ese período.

La atmósfera con respecto al juicio de Forsyth era tensa y una cuestión de interés nacional. Muchos argumentaron que el general Miles comenzó a perseguir obstinadamente a Forsyth para mantener sus manos limpias del asunto, ya que la masacre de Wounded Knee había sido muy publicada en los periódicos. A pesar de pedir más sangre de nativos americanos solo dos días antes, muchos de los periódicos ya estaban cambiando de tono después de ver las fotos morbosas y trágicas de los nativos americanos muertos, y estaban más que ansiosos por etiquetar el evento como una matanza. Esta teoría sería comprensible si Miles realmente necesitara un chivo expiatorio para mantener sus manos limpias a la vista del público.

Otra razón notable por la que fracasó la investigación fue que muchos de los investigadores mismos no apoyaron la decisión de Miles de llevar a Forsyth a juicio. El mayor Samuel Whitside, uno de los investigadores principales, escribió lo siguiente en una carta a su esposa: "El arreglo del problema indio ha sido un fracaso de acuerdo con los planes arreglados por el general Miles, y ahora alguien debe asumir la responsabilidad y ser sacrificado y por las apariencias Gen. F [orsyth] es el hombre seleccionado, para que otras personas descarguen".

Y esto fue desde el propio campamento de Miles. Otros oficiales militares tenían opiniones menos favorables. En un artículo de noticias publicado en *Evening Star* el 5 de enero de 1891:

> El relevo del coronel Forsythe [sic] de su mando de la séptima caballería por el general Miles, que ha sido telegrafiado al este desde fuentes no oficiales, constituye el tema de conversación predominante en el Departamento de Guerra de hoy. Se habla de él con un vigor y una franqueza de crítica que recuerda a los veteranos de los tiempos de la guerra, cuando tales problemas eran frecuentes.

Un oficial afirmó a un reportero de Star: "A este ritmo, los problemas de los Sioux llegarán a ser tan graves como los eventos de los primeros tres años de la guerra [civil], cuando cada oficial con un mando independiente no solo tenía un enemigo al frente de él, pero un consejo de guerra detrás de él". Los oficiales afirman que fue un grave error ordenar el relevo del coronel Forsythe en esta etapa del procedimiento, y así levantar un dedo de advertencia a cada coronel del pequeño ejército alrededor de Pine Ridge, para decirles que la muerte de cada Sioux debe ser explicado. Tendrá, se afirma abiertamente, un efecto muy desmoralizador sobre la valentía emprendedora de los oficiales al mando en el campo, y hay predicciones de que con el ejemplo que se está dando al coronel Forsythe a la vista, difícilmente habrá un hombre en el ejército con cualquier responsabilidad que se atreva a hacer cualquier cosa menos participar en una campaña negativa. La verdadera interioridad de la acción del general Miles al relevar al coronel Forsythe aún no ha salido a la luz, pero en general se cree que este curso fue inspirado por los funcionarios.

Ni el secretario Proctor ni el general Schofield están dispuestos a hablar mucho sobre el tema, aunque ambos admiten prácticamente que el general Miles no actuó enteramente bajo su propia responsabilidad. El secretario Proctor afirmó a un reportero de Star: "Gen. Miles lo hizo. Es un asunto muy confuso y puedo explicarlo más tarde".

Todos estos factores conflictivos, así como el hecho de que el presidente y el secretario de guerra apoyaran la masacre, o como la llamaron "una batalla", trivializaron los hechos y finalmente se disimuló como un accidente. Si bien esta definitivamente no es la primera vez que esto sucede, el evidente desprecio de la verdad y el consiguiente encubrimiento trae a la mente algunos eventos recientes.

Conclusión

Los eventos durante la masacre de Wounded Knee son verdaderamente una tragedia indescriptible y fue solo una de las muchas que enfrentaron los nativos americanos durante las guerras indias americanas. El general Nelson Miles, quien intentó aclarar las cosas relevando al comandante general de la caballería responsable del suceso, terminó sin poder dar ningún tipo de satisfacción a los Lakota.

Durante el juicio militar contra Forsyth, declaró que fue Miles quien dio la orden por escrito de matar a los nativos americanos en caso de que las negociaciones fracasaran y se volvieran hostiles. Sin embargo, más tarde, cuando se verificaron las órdenes, se indicó claramente que a Forsyth se le ordenó ni siquiera ingresar al campamento, lo que significa que Forsyth estaba desobedeciendo una orden directa cuando comenzó a registrar el campamento el 29 de diciembre de 1890. Muchos de los hombres que lo acompañaban en la masacre dieron marcha atrás y justificaron sus acciones mintiendo que los Lakota los atacaron primero. Incluso casi 130 años después, sigue siendo un tema de debate si la masacre de Wounded Knee fue premeditada o se debió a las emociones de los soldados estadounidenses que se apoderaron de ellos.

La masacre de Wounded Knee es una de las masacres más numerosas que han ocurrido en los Estados Unidos, y en 1990, el Congreso de los Estados Unidos aprobó una resolución en la que expresaba formalmente su pesar por la masacre. Sin embargo, la colina de Wounded Knee, donde tuvo lugar la batalla, está oficialmente registrada como el campo de batalla de Wounded Knee en el Registro Nacional de Lugares Históricos de los Estados Unidos, aunque el proceso para rescindirlos comenzó el junio de 2019 cuando la Cámara de Representantes propuso un proyecto de ley para eliminar los nombres de esos hombres del cuadro de la Medalla de Honor.

Esperamos que este libro haya tenido éxito en proporcionar toda la información lógica y los hechos históricos verdaderos de la masacre de Wounded Knee para establecer lo que sucedió hace casi 130 años. Apegarnos a la narrativa establecida de que la masacre fue un accidente no hace ningún favor a las vidas inocentes que se perdieron ese día, y hemos hecho todo lo posible para transmitir los hechos reales a nuestros lectores proporcionándoles los mejores detalles y registros a los que pudimos acceder mientras investigamos para este libro. Con suerte, este libro dejará un impacto sólido en su mente y lo alentará a estudiar historia de una manera basada en hechos.

Vea más libros escritos por Captivating History

Referencias

Brown, Dee, Bury My Heart at Wounded Knee (1971).

Jensen, Richard, et al., Eyewitness at Wounded Knee (1991).

Utley, Robert M., The Last Days of the Sioux Nation (1963).

Wells, Philip, "Ninety-six Years among the Indians of the Northwest", North Dakota History, 15, no. 2 (1948).

National Archives "Sioux Campaign, 1890-91", 635, 636, and 641.

Historical Society of Pennsylvania, Sioux Campaign 1890-91, vols. 1 and 2 (Philadelphia: Historical Society of Pennsylvania, 1919), 692.

Peter R. DeMontravel, The Career of Lieutenant General Nelson A. Miles from the Civil War through the Indian Wars, (1983).

James W. Forsyth, "Statement of Brigadier General James W. Forsyth, U.S. Army, concerning the investigations touching the fights with Sioux Indians, at Wounded Knee and Drexel Mission, near Pine Ridge, S. D., December 29 and 30, 1890", in Reports and Correspondence Related to the Army Investigations of the Battle at Wounded Knee and to the Sioux Campaign of 1890-1891, the National Archives Microfilm Publications (Washington: The National Archives and Records Service, General Services Administration, 1975), Roll 2, Target 4, Sep. 1, 1895 - Dec. 21, 1896, 7.

National Archives "Sioux Campaign, 1890-91", 785.

DeMontravel, Lieutenant General Nelson A. Miles, 359.

L. T. Butterfield, photo., "Big Foot. Dead", Deadwood Pictorial Works, Beinecke Rare Book & Manuscript Library, New Haven (http://brbl-dl.library.yale.edu/vufind/Record/3432007) accessed 27 Jul 2014.

Samuel L. Russell, "Selfless Service: The Cavalry Career of Brigadier General Samuel M. Whitside from 1858 to 1902", Master's Thesis, (Fort Leavenworth: U.S. Army Command and General Staff College, 2002), 144.

National Archives "Sioux Campaign, 1890-91", 824 (Whitney's report dated 3 Jan 1891).

L. T. Butterfield, "The Medicine Man taken at the Battle of Wounded Knee, S.D." (Chadron, Neb.: Northwestern Photographic Co., 1 Jan 1891), from Beinecke Rare Book & Manuscript Library, New Haven (http://brbl-dl.library.yale.edu/vufind/Record/3432008) accessed 27 Sep 2015; Carl Smith, Chicago Inter-Ocean, 7 Jan 1891, from Richard E. Jensen, R. Eli Paul, John E. Carter, Eyewitness at Wounded Knee (Lincoln, Neb.: University of Nebraska Press, 1991), 110.

Jacob F. Kent and Frank D. Baldwin, "Report of Investigation into the Battle at Wounded Knee Creek, South Dakota, Fought December 29th 1890", in Reports and Correspondence Related to the Army Investigations of the Battle at Wounded Knee and to the Sioux Campaign of 1890–1891, the National Archives Microfilm Publications (Washington: The National Archives and Records Service, General Services Administration, 1975), Roll 1, Target 3, Jan. 1891, 653-654. Hereafter abbreviated RIBWKC.

National Archives "Sioux Campaign, 1890-91", 828 (telegram from Schofield to Miles dated 6 January 1891).

Evening Star, "Relief of Col. Forsythe" (Washington, D. C., 5 Jan 1891).

DeMontravel, Lieutenant General Nelson A. Miles and the Wounded Knee Controversy.

George W. Cullum, Biographical Register of the Officers and Graduates of the U. S. Military Academy, vol. 2, (New York: James Miller, Publisher, 1879), 539-540, and 800-802.

Military Times, "Valor Awards for Frank Dwight Baldwin", Military Times Hall of Valor (https://valor.militarytimes.com/hero/907) accessed 27 Jul 2014; Robert H. Steinbach, "BALDWIN, FRANCIS LEONARD DWIGHT", Handbook of Texas Online.

(http://www.tshaonline.org/handbook/online/articles/fba43), accessed 27 Jul 2014, uploaded on 12 Jun 2010; Adjutant General's Office, "Baldwin, Frank D.", Letters Received, compiled 1871 – 1894, documenting the period 1850 – 1917, File Number: 3365 ACP 1875, image: 791 (http://www.fold3.com/image/1/303446614/) accessed 28 Jul 2014.

George E. Trager, photo., "Gen. Miles & staff during late Indian War at Pine Ridge Agcy", Northwest Photographic Co., Denver Public Library Digital Collection (http://cdm15330.contentdm.oclc.org/cdm/ref/collection/p15330coll22/id/24030) accessed 27 Jul 2014.

Russell, "Selfless Service", 145; University of Washington, "James W. Forsyth Family Papers", (Seattle: University Libraries, 2011); Peter R. DeMontravel, A Hero to His Fighting Men: Nelson A. Miles, 1839-1925, (Kent: The Kent State University Press, 1998), 206.

National Archives "Sioux Campaign, 1890-91", 813-814 (letter from Miles to Schofield dated 5 Jan 1891).

https://blog.oup.com/2015/12/wounded-knee-nelson-a-miles-lakota-justice/.

www.ingramcontent.com/pod-product-compliance
Lightning Source LLC
LaVergne TN
LVHW042002060526
838200LV00041B/1835